LA RÉPUBLIQUE

DE 1830.

Paris.—IMPRIMERIE DE CARPENTIER-MÉRICOURT,
Rue Traînée, N° 15, près S.-Eustache.

LA
RÉPUBLIQUE
DE 1830.

Par J..... P......

EX-PROFESSEUR DE LÉGISLATION.

Paris,

ROLAND, LIBRAIRE, QUAI DES AUGUSTINS, N° 25.

EDOUARD GARNOT, LIBRAIRE, RUE PAVÉE-ST-ANDRÉ-DES-ARTS, N° 7.

OCTOBRE 1830.

LA
RÉPUBLIQUE
DE 1830.

Beaucoup de gens parlent aujourd'hui de république, les uns par la peur qu'ils en ont, les autres pour la peur qu'ils veulent qu'on en aye.

Rassurez-vous, dirai-je aux premiers ; la République Française a laissé des souvenirs glorieux ; mais son berceau a été environné de calamités et de larmes dont la trace est encore loin d'être effacée ; son nom seul réveille encore au fond des cœurs des sentimens pleins d'amertume , et même des préventions que, de long-temps, la froide raison ne pourra dissiper.

Née de la tempête , la République croissait au milieu de la foudre et des éclairs. Forcée de tout renverser et, ne pouvant s'asseoir que sur des cendres , elle écrasait tout, elle embrâsait tout. Le fer et la flamme composaient sa puissance, la violence était son élément, le ravage son premier besoin, et périr à son tour sa destinée. Après avoir, comme Saturne, dévoré ses propres enfans, la République elle-même fut dévorée par l'usurpation dans la sacrilége journée de Saint-Cloud.

La République Française, ce colosse d'abord si redoutable et si imposant, a été jetée dédaigneusement dans la tombe, où elle repose depuis vingt ans, presque entièrement oubliée de ses vieux admirateurs, ou couverte des malédictions d'une grande partie de la France, de cette France jadis enthousiasmée de ses premiers triomphes, de cette France dont elle avait promis d'assurer l'indépendance, la liberté, et le bonheur.

La République n'est plus, et je ne me figure pas que personne, au milieu de nous, songe à exhumer ses restes défigurés. Rien ne peut lui rendre la vie. Si Paris voulait encore une fois en faire son idole, les autres populations lui refuseraient leur encens, et ses autels bâtis sur le sable ne tarderaient pas à s'écrouler.

Peut-être il y a-t-il quelques jeunes gens qui, dans le premier moment d'une exaltation généreuse, inspirée sans doute par un ardent amour de la liberté, ont pensé que le rétablissement de la république était le moyen le plus assuré de sauver la France, et de recueillir les fruits des mémorables journées qui ont renversé la tyrannie; mais ces jeunes français, qui avaient scellé de leur sang leur dévoûment héroïque à la cause nationale, ont-ils donné à leurs vœux ce caractère qui décèle la présence d'un parti et qui constitue en politique une véritable opposition? Tout en rêvant la république, ils ont laissé proclamer la monarchie, et, dans la sincérité de leurs sentimens civiques, ils ont fait noblement à la volonté générale le sacrifice de leurs propres désirs. Ces désirs, si honorables d'ailleurs, se sont tus devant la majesté de l'opinion publique et l'exigeance des grands intérêts nationaux.

Que plusieurs d'entr'eux conservent au fond du cœur une secrète affection pour ce système républicain qu'ils regardent comme le meilleur de tous, il n'y a là ni crime ni danger : il n'y a pas de crime là où il n'y aurait tout au plus qu'une aberration philosophique, enfantée par un ardent amour de la patrie et de la vertu. Il est assez naturel que des jeunes gens qui ont été bercés au milieu des nobles souvenirs de la Grèce et de Rome, se soient passionnés pour un système qui réveille dans l'homme le sentiment de sa propre dignité et qui semble d'abord le plus haut point de perfection auquel la civilisation puisse arriver en matière de gouvernement. Quant au danger du système républicain, je le crois tout-à-fait imaginaire, sur-tout à l'époque où nous vivons.

L'Etat sera-t-il en péril, parce que de jeunes penseurs auront, dans leurs écrits ou dans leurs discours, laissé percer quelques opinions démocratiques? Eh! ne sommes-nous pas libres de leur opposer les nôtres? Si la raison est de notre côté, ferons-nous à la meilleure cause l'injure de douter de son triomphe? Est-il donc indispensable de se montrer si ombrageux? Le régime de la liberté n'admet-il point la contradiction comme condition première de son existence? Il y aurait tyrannie et dérision de notre part à venir dire à nos adversaires : *vous êtes libres de penser, d'écrire et de parler; mais à condition que vous penserez, que vous écrirez et que vous parlerez comme nous.* Vous vous effrayez de l'opinion secrète ou avouée de quelques enthousiastes; voyez plutôt leurs actes, et tranquillisez-vous : ils ont exprimé leur pensée, je vous l'accorde; mais qu'ont-ils fait? que peuvent-ils faire? que feront-ils? rien.

Laissons le champ libre à tous les systèmes et à toutes les controverses, c'est le meilleur moyen d'en paralyser les effets. Quand tout le monde peut parler, on peut écouter tout le monde, et non pas seulement quelques individus qui ont usurpé le droit exclusif de manifester leur pensée, et se sont fait un monopole de l'attention publique. La multiplicité des opinions émises éparpille l'éloquence, divise les suffrages, et réduit l'opinion de chacun à une opinion isolée qui dès-lors est sans consistance comme sans danger. S'il est des points capitaux sur lesquels tous les esprits se trouvent d'accord, c'est que la raison est là. L'opinion publique se forme;

se régularise et se prononce; alors je ne vois pas de grands inconvéniens à ce que la raison soit écoutée, et qu'elle finisse, comme on l'a dit, par avoir raison.

Gardons-nous de tant nous effaroucher des idées folles ou non qui peuvent germer dans quelques jeunes têtes systématiques. Peuvent-elles balancer les conseils pleins de prudence et de gravité des écrivains et des orateurs dont la tête a blanchi sous un demi-siècle d'expérience? peuvent elles surtout faire autorité contre les goûts, les habitudes, le bon-sens, les préjugés même d'une grande nation? Nous applaudissons volontiers à la brillante imagination de celui qui, dans l'effervescence du jeune âge et sous le charme d'une louable illusion, s'est complu à retracer la législation et le bonheur d'une nouvelle utopie; mais ce ne sont point ses plans qu'on adopte. A-t-il mis en avant quelque nouvelle théorie? Les penseurs ruminent, les contradicteurs cherchent des argumens, les gouvernans sourient et suivent la même ornière. L'immense machine de l'administration est là, une grande impulsion lui a été donnée, et les rouages vont leur train, sans égard pour les nouveaux systêmes, emportés dans le mouvement général qui les entraîne eux et leurs inventeurs.

Quant à la masse du peuple, elle prend bien peu de part à toutes ces théories utopiques, à toutes ces hypothèses politico-littéraires dont la multitude ne démêle guère les rapports avec sa propre situation. Ce qui est actuel, positif et spécial, voilà ce qui l'intéresse le plus dans les brochures, les journaux et les harangues.

Il est donc vrai de dire que nos jeunes républicains, si républicains il y a, sont encore loin, mais bien loin d'avoir justifié vos alarmes. Ce qui reste des anciens démocrates est encore moins à craindre. Et d'abord où sont-ils? la plupart dans la tombe, et nous n'avons plus peur des morts.

Entre ceux qu'un bras d'airain a jetés violemment hor du sol natal, les uns ont succombé aux chagrins de l'exil les autres ne reviennent en France que pour rendre leur dernier soupir en présence du ciel de la patrie, et pour s'endormir à leur tour du dernier sommeil. Devons-nous, je le demande, avoir peur de leur agonie?

Quant au reste des anciens démocrates qui, perdus dans la foule, ont échappé aux catégories et aux proscriptions, e triste reste n'a point quitté la France, où il n'a survécu à la persécution des amnisties, que pour y traîner des jours d'amertume. Ces patriotes d'un autre siècle vivent encore, comme si déjà ils ne vivaient plus. Hors de la sphère d'activité du nouveau siècle, sont-ils en mesure d'apporter la modification la plus légère à la direction des affaires publiques? Leur cœur brisé par de longues humiliations a perdu ce ressort qui donne un corps à la pensée. Accablés par l'âge et les infirmités, ils ne songent plus guères qu'au coin de terre où ils pourront enfin, au milieu de la froide poussière des tombeaux, se reposer de leurs travaux impuissans, de leurs inutiles fatigues et de leurs douloureux désappointemens. L'opinion de pareils hommes est-elle a craindre? Non ; ils ne veulent plus rien. Sans appui, sans crédit, sans fortune, sans vigueur physique et morale, ils ne peuvent plus rien. Sont-ils comptés pour quelque chose dans la distribution des emplois et des faveurs. Sont-ils appelés aux conseils des rois? L'opinion républicaine exerce-t-elle la moindre influence sur les combinaisons politiques d'un haut intérêt? ajoute-t-elle un atôme à la part de liberté que les gouvernans veulent bien accorder aux peuples? A-t-elle enfin rien de compact, rien de solide, rien de menaçant?

Peut-être, et je ne le nie pas, quelques vieux adorateurs de la République, restés debout mais inaperçus, regrettent-ils encore l'idole de leur jeunesse; mais ces regrets stériles n'ont guères pour confidens que les dieux du foyer domestique, et je ne vois au dehors aucune espèce de manifestation capable d'alarmer les partisans de la royauté. De quel poids peuvent être dans la balance des volontés nationales les souvenirs clandestins de quelques vieillards obscurs, dont les plaintes inoffensives naissent et meurent sous le manteau de la cheminée, après être tombées dans l'oreille discrète d'un ami dont l'énergie est glacée par l'âge ou usée par le malheur et l'expérience? Le beau sujet d'inquiétude que des conspirateurs cacochymes, plus occupés de cracher sur leurs tisons que de souffler le feu des discordes civiles, et de ressusciter une forme de gouvernement à laquelle le gros de la nation ne songe plus. A quel titre les accuseriez-vous de soupirer et même de conspirer pour un système politique dont ils seraient peut-être les premiers à déplorer le retour? car il est à remarquer que ceux-mêmes qui jadis ont voulu la république avec le plus d'ardeur, se garderaient bien de la demander aujourd'hui.

Cet ordre de choses exige des lumières et surtout des vertus qui nous manquent. Dure vérité dont les patriotes consciencieux ne sont que trop convaincus. La corruption a poussé dans les cœurs de si profondes racines, que vous entendez presque toutes les bouches laisser échapper cet humiliant aveu : *Nous ne sommes pas dignes du gouvernement républicain.* Celles des feuilles quotidiennes qui naguères affectaient de rappeler la république à notre mémoire, étaient précisément celles qui, antérieurement, plaidaient avec le plus de zèle la cause de l'absolutisme. Elles ne s'écartaient point en cela de leur mission; il est évident que le rétablissement de la république nous conduisait tout droit à l'anarchie, à la guerre civile, à la guerre étrangère, et, en dernier résultat au despotisme, l'éternel point de mire de certains prétendus apôtres de la liberté.

Ceux qui d'abord faisaient sonner bien haut le mot de république, en haine de la nouvelle dynastie, accusent maintenant de républicanisme l'héroïque population parisienne, toujours en haine de la plus légitime et de la plus glorieuse des révolutions. Belle occasion de déblatérer contre

le peuple ! des tacticiens aussi habiles l'auraient-il dédai-
gnée?

On crie à la corruption des mœurs, et ces cris ne sont pas
dénués de raison ; mais ce n'est point sur cette classe tant ca-
lomniée qu'on nomme *le peuple*, que cette accusation doit
principalement tomber : ce peuple, dans les trois fameuses
ournées de juillet, a fait preuve d'héroïsme, de probité, de
lésintéressement, de modération et d'humanité ; toutes
choses peu familières à certains détracteurs du pauvre, qui
ne supposent pas qu'il puisse y avoir de la vertu sous l'hum-
ble costume du travail. Ceux qui, tout en méprisant le
peuple, le flattent, le trompent et le poussent au désordre,
dans l'intérêt de leur ambition personnelle, voilà les vrais
coupables, voilà ceux qu'on peut, à bon droit, traiter
d'hommes corrompus. C'est leur perversité plutôt que celle
de la classe ouvrière qui rend chez nous la république im-
possible.

Le peuple a de la droiture ; mais son manque de lumières
en fait le jouet des intrigans qui savent exploiter son aveugle
énergie au profit de leurs secrètes visées. En 93, on a commis, au
nom des principes les plus sages, d'épouvantables excès, dus
à l'éloquence hypocrite et interressée des uns, et à la doci-
lité brutale des autres. Le peuple secondait de ses rugisse-
mens et de sa griffe de lion, les renards qui rusaient pour
le triomphe du despotisme, et c'était avec les meilleures in-
entions du monde qu'il concourait au déchirement de la
patrie. Voilà ce que sait toute la France et ce qui justifie sa
répugnance pour le régime républicain, répugnance qu'on
tâche d'augmenter encore par la peinture exagérée et des
maux que nous avons soufferts, et des maux, qui, dit-
on, nous attendent, le tout dans un but dont il est facile
de percer le mystère.

Ils sont donc de mauvaise foi ceux qui nous accusent sans
relâche de songer au rétablissement d'un système gouverne-
nental que repousse la grande majorité des citoyens, et dont

les vieux démocrates eux-mêmes ne veulent plus. Nos accu-
sateurs savent aussi bien que nous que la France n'a pas
assez oublié ce que la République de 93 lui a coûté de sang
et de larmes, pour se replonger en 1830 dans le même
abyme. C'est précisément parce qu'ils le savent aussi bien
que nous, qu'ils s'efforcent de faire tourner à l'avantage de
leurs projets anti-populaires cette aversion presque générale
des français pour la démocratie.

Ne nous arrêtons point à des prétextes spécieux, et péné-
trons jusqu'au fond de la pensée des ennemis de notre ré-
génération politique. La république, au rétablissement de
laquelle ils ne croient point n'est autre chose qu'un épou-
vantail mensonger dont ils ont résolu de tirer un grand
parti.

Montrer du doigt de vains fantômes, pour cacher de fu-
nestes réalités est un surcroît de perfidie, d'autant plus dan-
gereux que notre crédule bonhomie s'en défie moins. Nous
ne supposons pas volontiers tant d'effronterie réunie à tant
d'imposture. Crier à la république pour favoriser la marche
de l'absolutisme, c'est crier au loup qui n'est point là,
pour détourner notre attention du serpent qui se glisse à la
sourdine et va nous étouffer dans ses replis. Voilà des batte-
ries assez habilement dressées. Cette tactique n'est pas trop
maladroite, et pour peu qu'on y prenne garde, il est aisé
de reconnaître que le doigt de la congrégation est là. C'est
du jésuitisme et du jésuitisme rafiné. Pour avoir acquis
autant d'habileté, il faut être allé prendre des leçons à
Saint-Acheul ou à Mont-Rouge, auprès des révérends pères
de la ruse.

J'ai dit que les vieux et les jeunes ne voulaient ou ne
pouvaient rien, relativement au rétablissement de la république en France. Si je m'étais trompé, si en effet ce rétablissement était l'objet spécial de leurs vœux et de leurs
efforts, que demandez-vous, dirais-je aux uns et aux autres? ne possédez-vous pas ce que vous regrettiez avec tant

d'amertume ou ce que vous désiriez avec tant d'ardeur? n'avez-vous pas obtenu, de la plus légitime des résistances, ce que n'avaient encore pu vous donner quarante ans d'agitations, de travaux et de sacrifices? regardez, et avouez que la sanglante semaine de 1830 a enfin résolu pour vous la grande question sociale posée par la révolution de 1789. Que voulait-on il y a quarante ans? des garanties contre le despotisme et l'oppression. Eh bien ! ces garanties précieuses, l'épée populaire vient de les conquérir. Ce qui n'a point été accordé a été solennellement promis à la nation, et la nation ne souffrirait pas qu'on lui manquât de parole. Vous vivez sous une monarchie, mais sous une monarchie constitutionnelle qui n'est au fond qu'une république sous un nom qui ne doit plus effrayer personne. Qu'importe le mot si vous possédez la chose ? irez-vous pour un vain mot risquer les proscriptions, les échafauds, la guerre civile, la guerre étrangère, la ruine de la patrie?

Le peuple français est un peuple libre, que peut-il ambitionner de plus? les suffrages plébéiens ont élevé sur le pavois un prince qui réunit à toutes les vertus privées qui constituent l'honnête homme, toutes les vertus publiques les plus capables de rassurer les français sur la conservation de leur indépendance et de leur liberté. N'ont-ils pas un gage certain de prospérité dans le choix d'une dynastie dont les intérêts ont avec ceux du peuple la plus heureuse identité? La maison d'Orléans était la seule qui pût convenir à la France pour *présider* à ses glorieuses destinées. Car, remarquez bien que ce n'est pas un roi de France mais un roi des Français que nous nous sommes donné. »

Voilà ce que je dirais aux vieux et aux jeunes, et je me figure que les jeunes et les vieux m'entendraient; en effet nous avons dans notre monarchie constitutionnelle la seule espèce de république qu'à tort ou à raison nous soyons capables de supporter.

Le monarque de notre choix, en se rendant à nos vœux

a fait ses preuves de dévouement à la nation ; mais toute sa tâche n'est point encore remplie , et c'est aux vrais patriotes à seconder ses généreuses intentions. Que les ministres et les Chambres rivalisent de zèle pour accomplir les promesses faites à la France par la grande et mémorable semaine de 1830. Que tous les citoyens se rallient sous le drapeau du triomple pour marcher ensemble dans la route des améliorations progressives que réclament les intérêts de tous. Ce serait déjà un grand pas de fait vers le bien que d'obtenir une véritable représentation nationale , au défaut de laquelle tout notre nouveau système social n'aurait qu'une existence précaire. Que l'hérédité politique n'ait plus rien de commun avec la composition de la Chambre des Pairs ou des anciens, soumise alors comme celle des Députés à l'élection des citoyens; que cette élection soit en harmonie avec les droits de la majorité des membres du corps social; en un mot que l'immense population de la France ne soit plus divisée en priviligiés et en ilotes. Tel est du moins le vœu que forment les sincères amis de la patrie. Puisse-t-il un jour être exaucé !

Paris, 12 octobre 1830.